나는 약 열 달 동안 엄마 자궁 속에서 무럭무럭 자라다 바깥세상으로 나가지.

글 장선혜

한국외국어대학교에서 신문방송학을 공부했습니다. 1994년 출판미술대전
토이북상 대상을 받았고, 현재 출판 기획사 '하늘땅'의 대표로 있습니다.
<수학 나라 이야기쟁이>, <웃음 단추>, <아가는 안 먹는대>, <샐리의 법칙>,
<엄홍길, 또다시 히말라야로!> 등 많은 그림책을 기획하고 글을 썼습니다.

그림 서영

그림책 창작 그룹 또래얼에서 좋은 책을 만드는 여러 활동을 하고 있습니다.
동심의 눈으로 마음이 따뜻해지는 책을 만들고자 합니다.
쓰고 그린 책으로는 <달걀이랑 반죽이랑>, <시계 탐정 123>,
그린 책으로는 <도전! 생존 퀴즈>, <뽀옥뽀옥 쑥!>, <도와줘, 빨래맨!>
등이 있습니다.

감수 박시룡

경희대학교 생물학과를 졸업하고 독일 본대학교에서
동물행동학을 전공하여 박사 학위를 받았습니다.
한국교원대학교 생물교육과 교수, 황새복원연구센터 소장을 지냈습니다.
지은 책으로 <와우! 우리들의 동물친구>, <동물행동학의 이해> 등이 있고,
옮긴 책으로는 <딱새를 속여 번식하는 뻐꾸기>,
<진딧물을 길들이는 붉은개미> 등이 있습니다.
KBS <동물의 세계>, <동물의 왕국>의 감수도 맡고 있습니다.

우리 몸·탄생 01 내가 어디서 왔게?

장선혜 글 · 서영 그림 · 박시룡 감수
펴낸곳 (주)아람키즈 | 펴낸이 이소영 | 주소 서울특별시 성동구 성수이로 147, 아이에스비즈타워 2F
고객센터 1644-4521 | 팩스 02-468-5548 | 홈페이지 www.aramkids.co.kr | 출판등록 제2020-000011호
기획 · 편집 · 디자인 (주)아람키즈 하늘땅
ISBN 979-11-6543-510-3 979-11-6543-574-5(세트)

내가 어디서 왔게?

장선혜 글 · 서영 그림 · 박시룡 감수

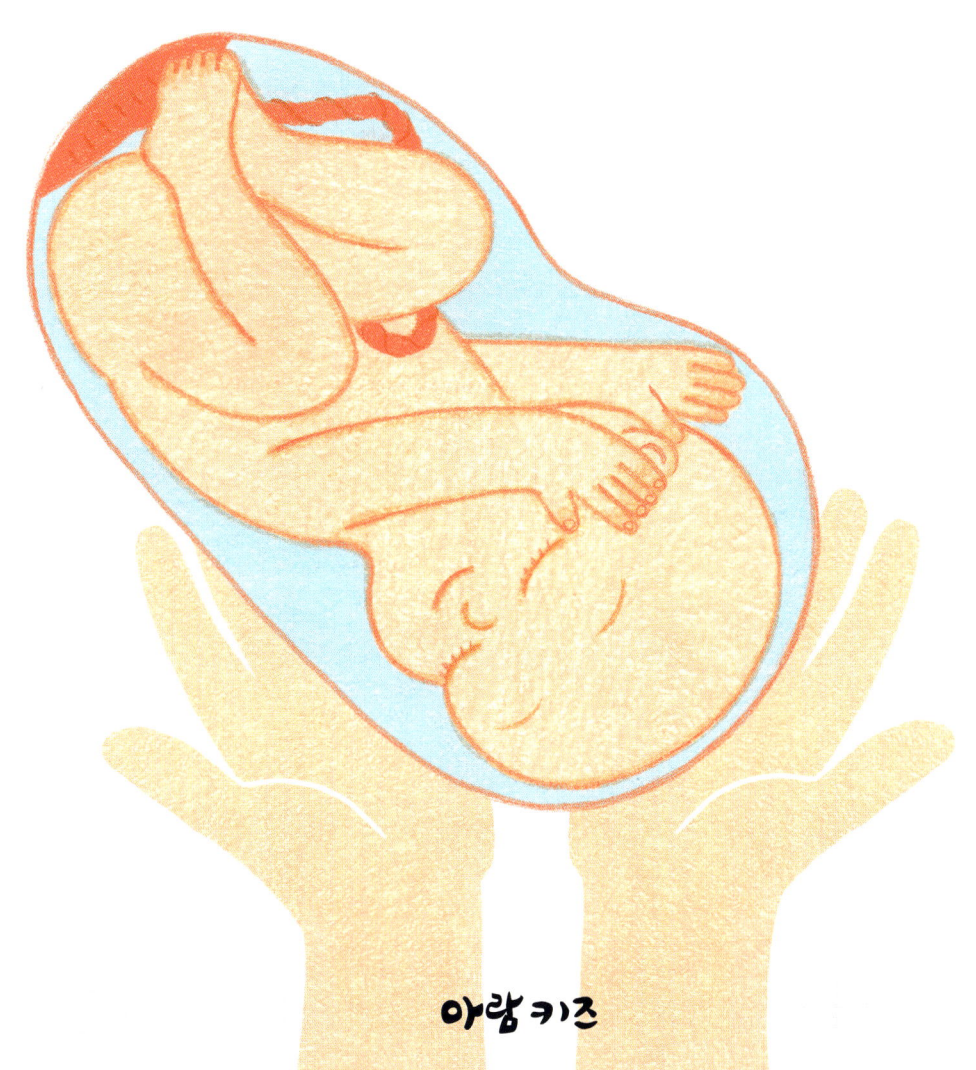

아람 키즈

내가 어디서 왔게?
새가 물어다 줬을까? 아니야!
엄마와 아빠가 사랑해서 생겼어.

6

처음에는 작은 점만 했다가
손톱만 했다가
유리구슬만 했다가
작은 고무공만 해지지.

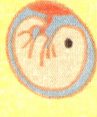

1개월

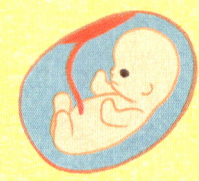

2개월

🌸 **1~3개월** 키는 약 1센티미터였다가 6센티미터 정도까지
자라고, 몸무게는 약 1그램이었다가 10~20그램 정도까지
늘어나요. 이 기간 동안 뇌와 몸의 여러 기관이 만들어져요.

◆1~2개월 태아의 실제 크기와 비슷한 그림입니다.

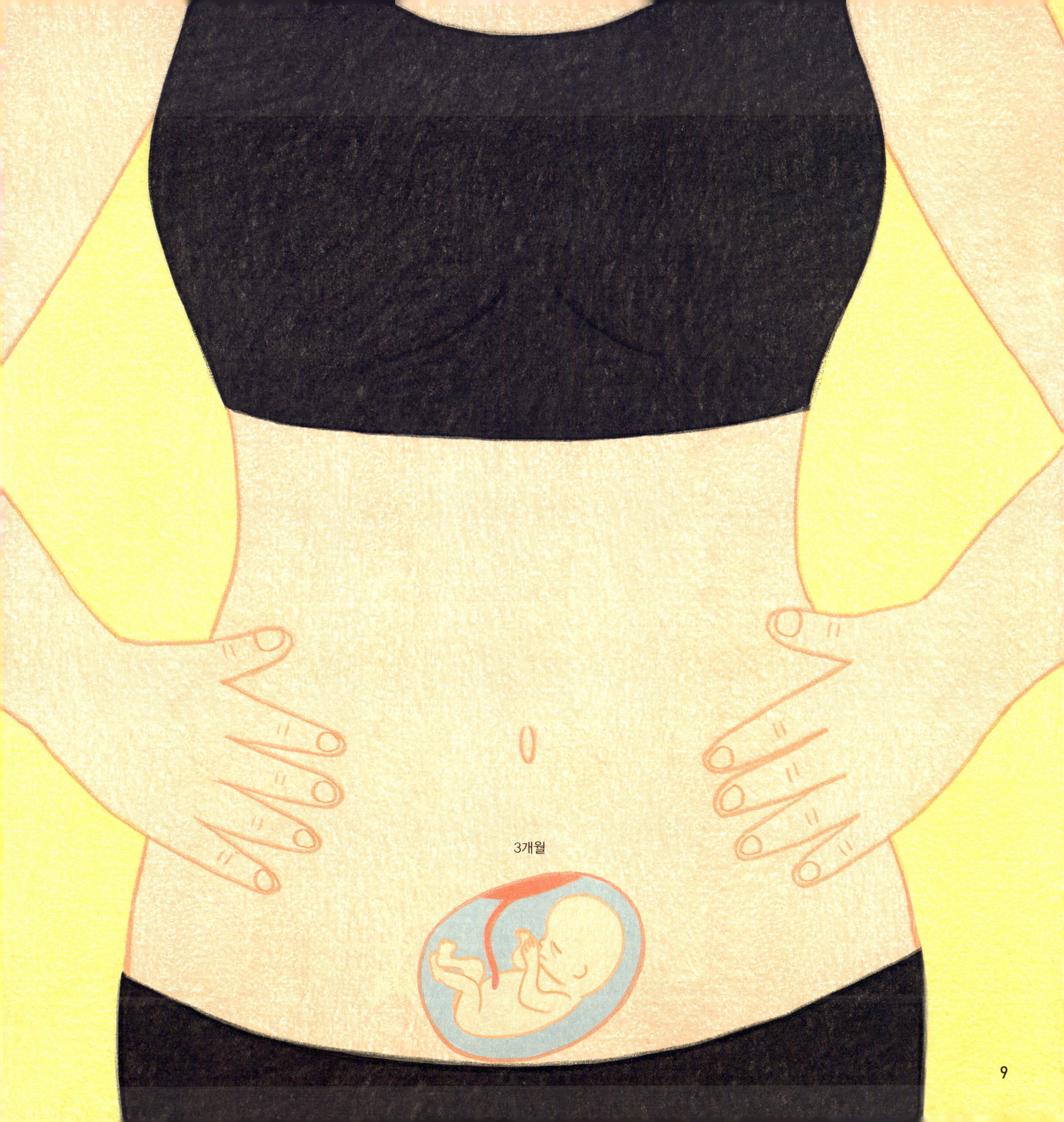

3개월

오늘 엄마가 나를 보러 왔어.

"어머, 우리 아기 꼼지락꼼지락
잘도 움직이네요."

🌸 **4개월** 키는 약 11〜13센티미터이고, 몸무게는 100그램
정도예요. 태아의 움직임이 활발해지고, 온몸에 솜털이
나 있어요. 남녀의 구분이 뚜렷해져요.

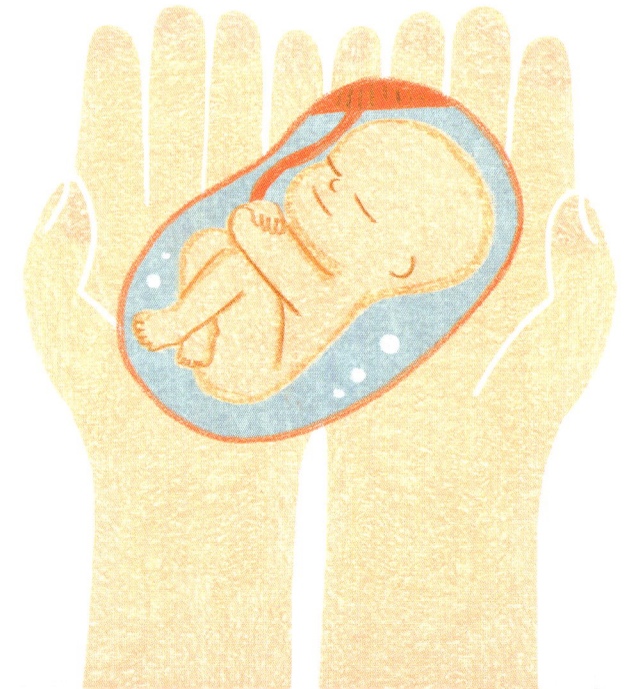

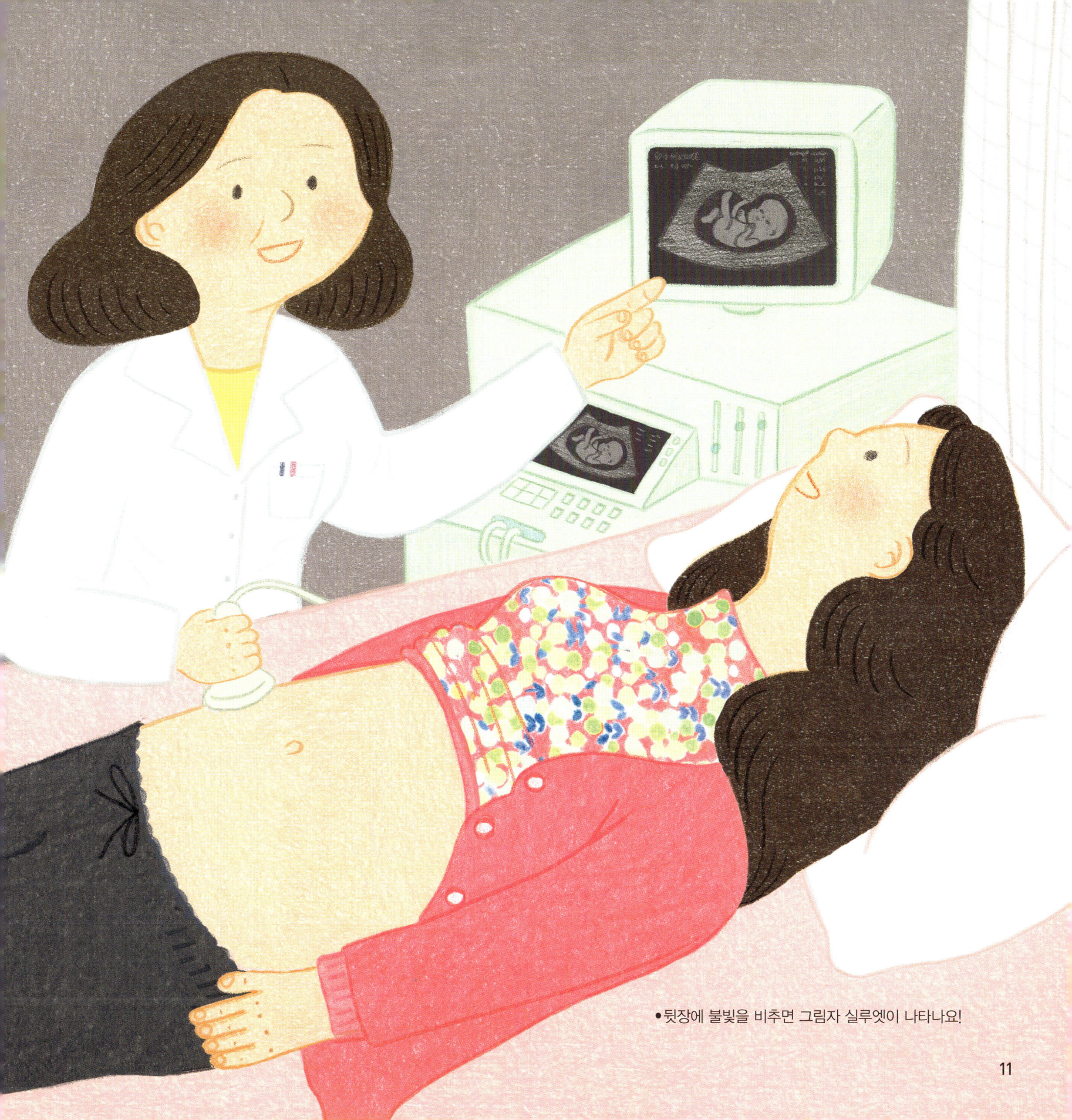

•뒷장에 불빛을 비추면 그림자 실루엣이 나타나요!

콩닥콩닥 콩닥콩닥.
슉, 슉, 슉, 슉.
내 심장은 엄마 심장보다
엄청 빨리 뛰어서 소리가 달라.

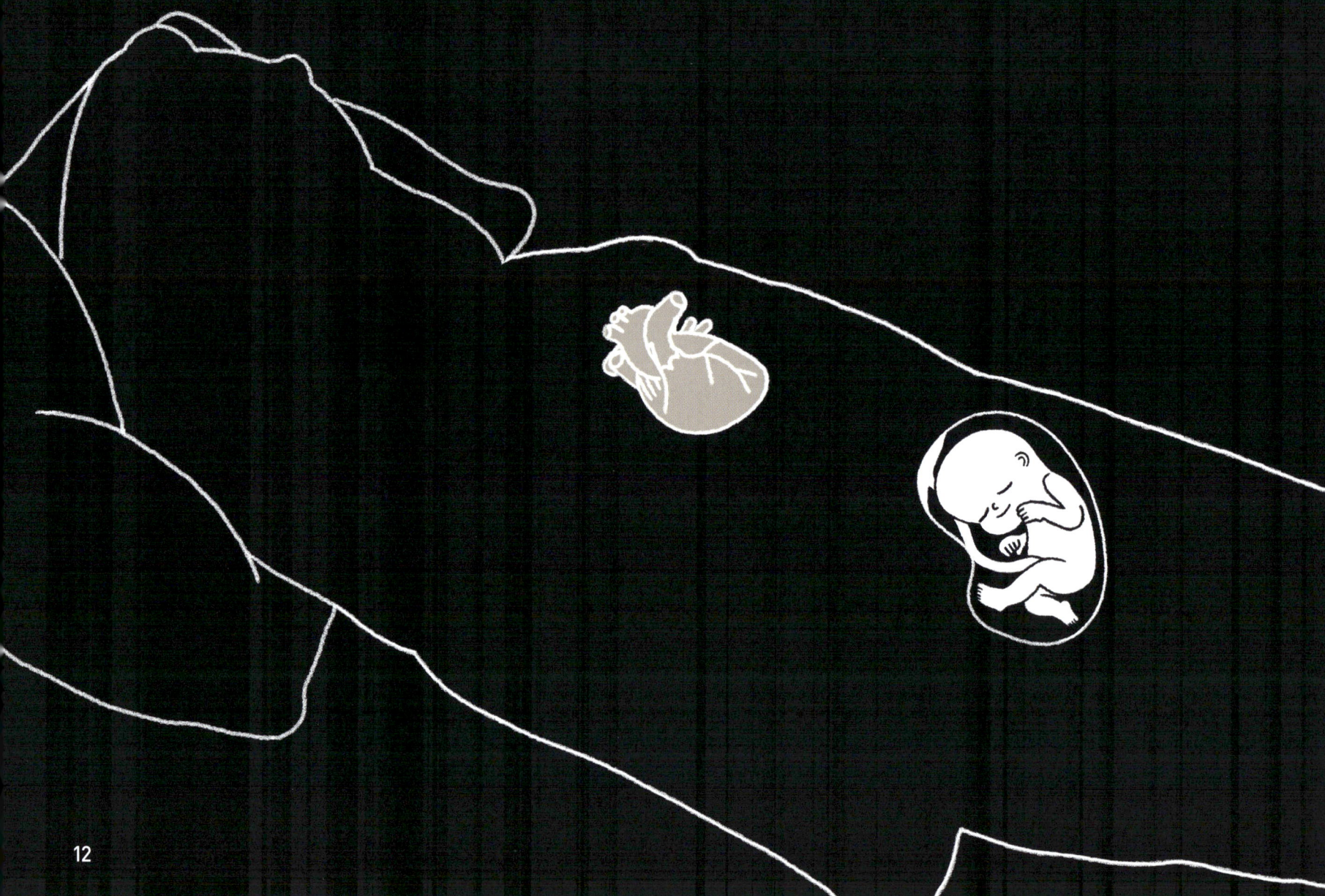

요즘은 자꾸 다리를 쭉쭉 뻗고 싶어.
엄마가 내 움직임을 느끼고 있겠지?

🌼 **5개월** 키는 약 16~18센티미터이고, 몸무게는 300그램
정도예요. 심장 박동 소리가 강해지고, 망막이 발달해서
빛에 반응하기 시작해요.

◆5개월 태아의 실제 크기와 비슷한 그림입니다.

오늘 엄마가 큰 옷을 사려나 봐.

"이 옷을 입으면 아기도 좋아하겠지?"

6개월 키는 약 20~30센티미터이고, 몸무게는 500~600그램 정도예요. 엄마의 감정을 느끼고, 청각이 발달하여 엄마의 목소리를 알아들을 수 있어요.

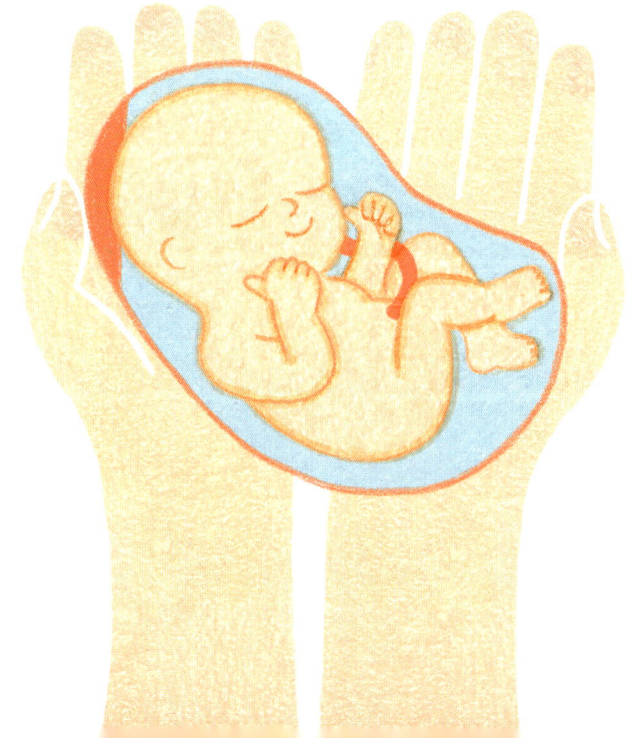

• 뒷장에 불빛을 비추면 그림자 실루엣이 나타나요!

엄마 기분이 좋으면
내 기분도 좋아.
난 엄마의 감정을
그대로 느끼거든.

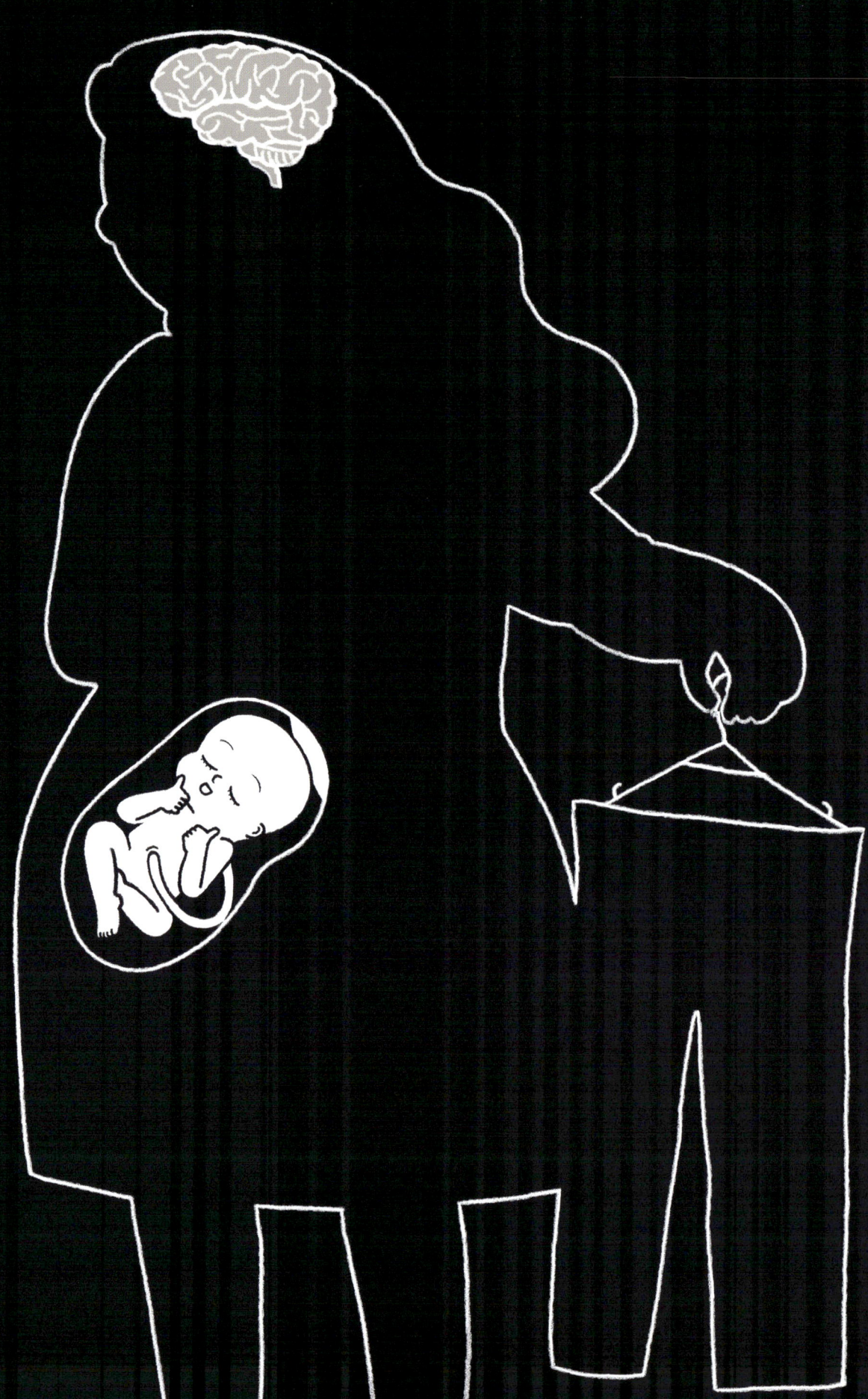

요즘은 자꾸 엄지손가락을
쪽쪽 빨고 싶어.

7개월 키는 약 35〜39센티미터이고, 몸무게는
900〜1킬로그램 정도예요. 낮과 밤을 구분하고,
집중적으로 엄지손가락을 빨며 젖을 빠는
동작을 배워요.

◆7개월 태아의 실제 크기와 비슷한 그림입니다.

17

오늘도 엄마가 체조를 하고 있어.
아빠는 옆에서 도와주고 있지.
"아기를 건강하게 맞이하려면
열심히 해야 해!"

🌸 **8개월** 키는 약 40~43센티미터이고, 몸무게는 1.5~1.8킬로그램
정도예요. 머리가 아래를 향해 자리를 잡고, 폐가 완성되면서
폐로 호흡하는 법을 연습해요.

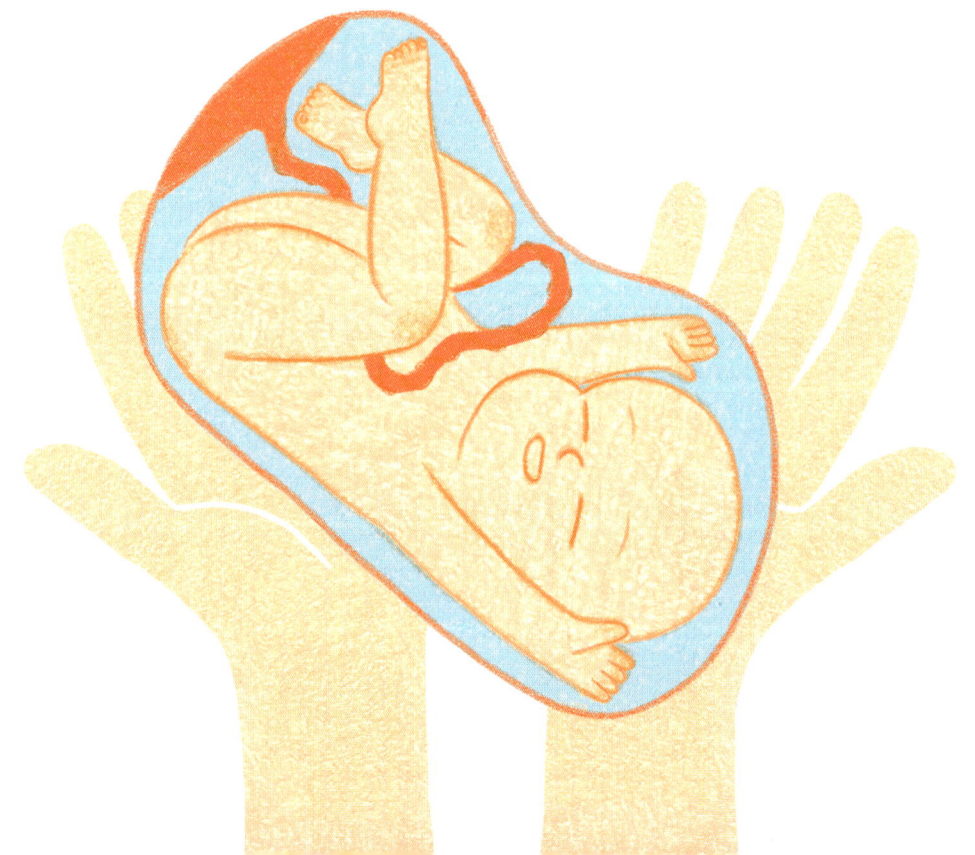

•뒷장에 불빛을 비추면 그림자 실루엣이 나타나요!

19

엄마가 숨을 크게 들이마시고
숨을 크게 내쉬는 것처럼
나도 숨을 쉬어 볼까?

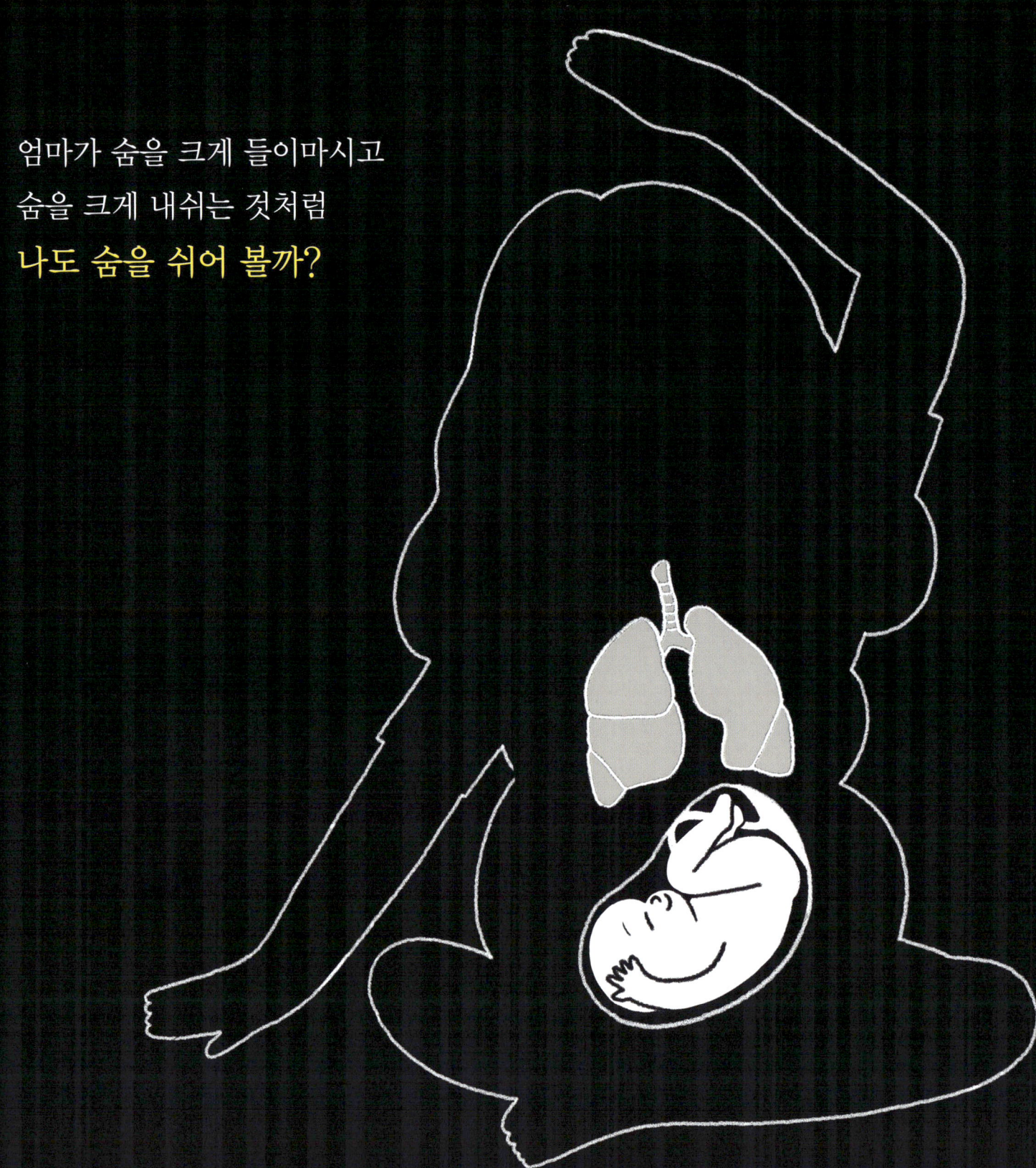

요즘 방이 점점 좁아져서
조금 움직이는 것도 힘들어.
그러니까 자꾸 졸리기만 해.

9개월 키는 약 45~48센티미터이고,
몸무게는 2.3~2.6킬로그램
정도예요. 여러 감각이 완성되고
표정이 다양해져요.

◈ 9개월 태아의 실제 크기와 비슷한 그림입니다.

21

오늘도 아빠가 나에게 말을 걸어.

"아기야, 빨리 나오렴.
귀여운 옷도 준비해 놓았단다."
엄마는 새콤달콤한 주스를 마시고 있네?

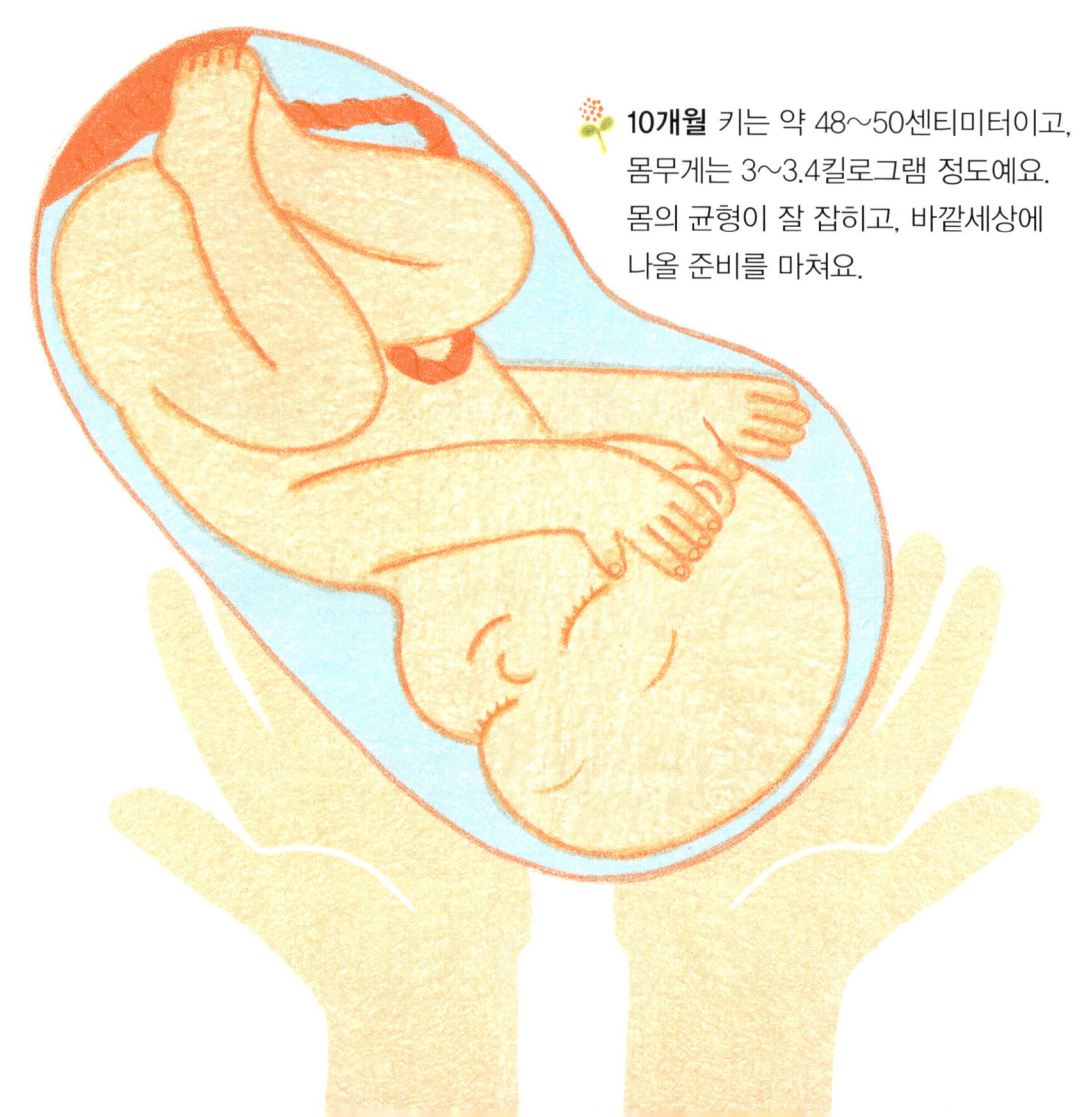

10개월 키는 약 48~50센티미터이고,
몸무게는 3~3.4킬로그램 정도예요.
몸의 균형이 잘 잡히고, 바깥세상에
나올 준비를 마쳐요.

●뒷장에 불빛을 비추면 그림자 실루엣이 나타나요!

23

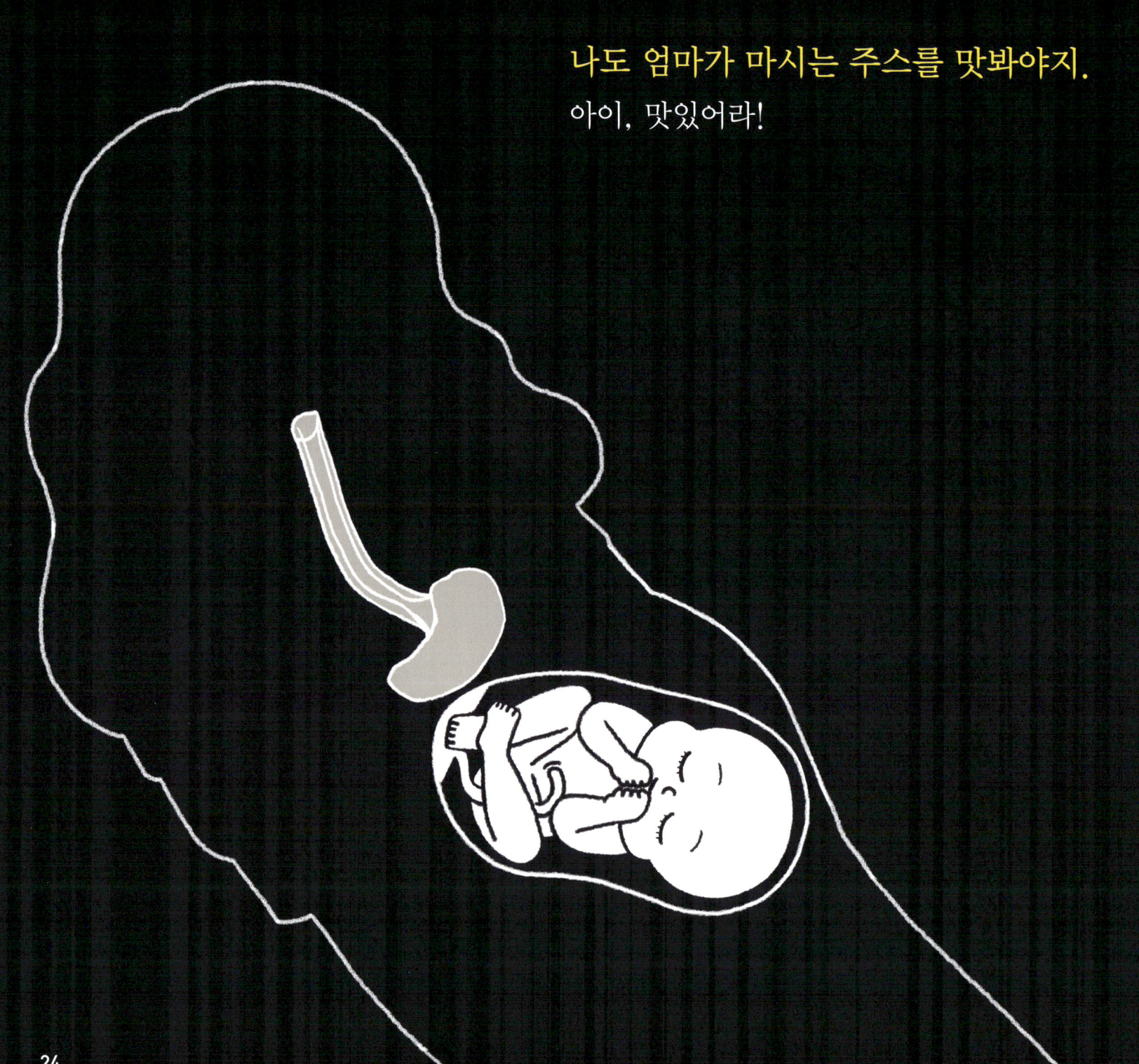

나도 엄마가 마시는 주스를 맛봐야지.
아이, 맛있어라!

이제 엄마랑 아빠를 만나러 가야겠어.
엄마, 우리 같이 힘을 내요.

"응애응애!"
내가 세상에 나와서 처음 내는 소리야.
자, 이제 내가 어디서 왔는지 알겠지?

아기는 어떻게 태어났을까?

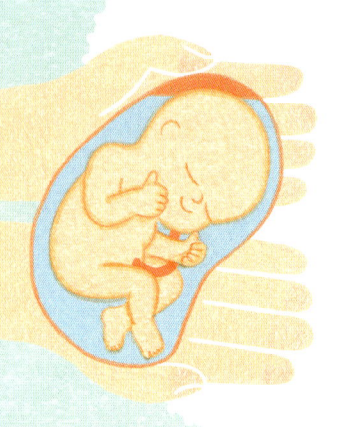

아기는 엄마의 자궁 속에서 약 열 달 동안 자라서 세상으로 나와요.
아기가 엄마의 자궁 속에 있을 때에는 '태아'라고 부르지요.
태아가 어떻게 생기고 자라는지 살펴볼까요?

태아는 어떻게 생긴 걸까요?

엄마의 몸속으로 들어간 아빠의 아기 씨인 정자는 자궁, 나팔관을 따라
이동해요. 그러다가 엄마의 아기 알인 난자와 만나면 수정이 되어 수정란이
만들어져요. 이 수정란은 여러 날 동안 자궁으로 이동하면서 세포 분열을
하고 자궁벽에 붙어 자리를 잡아요.

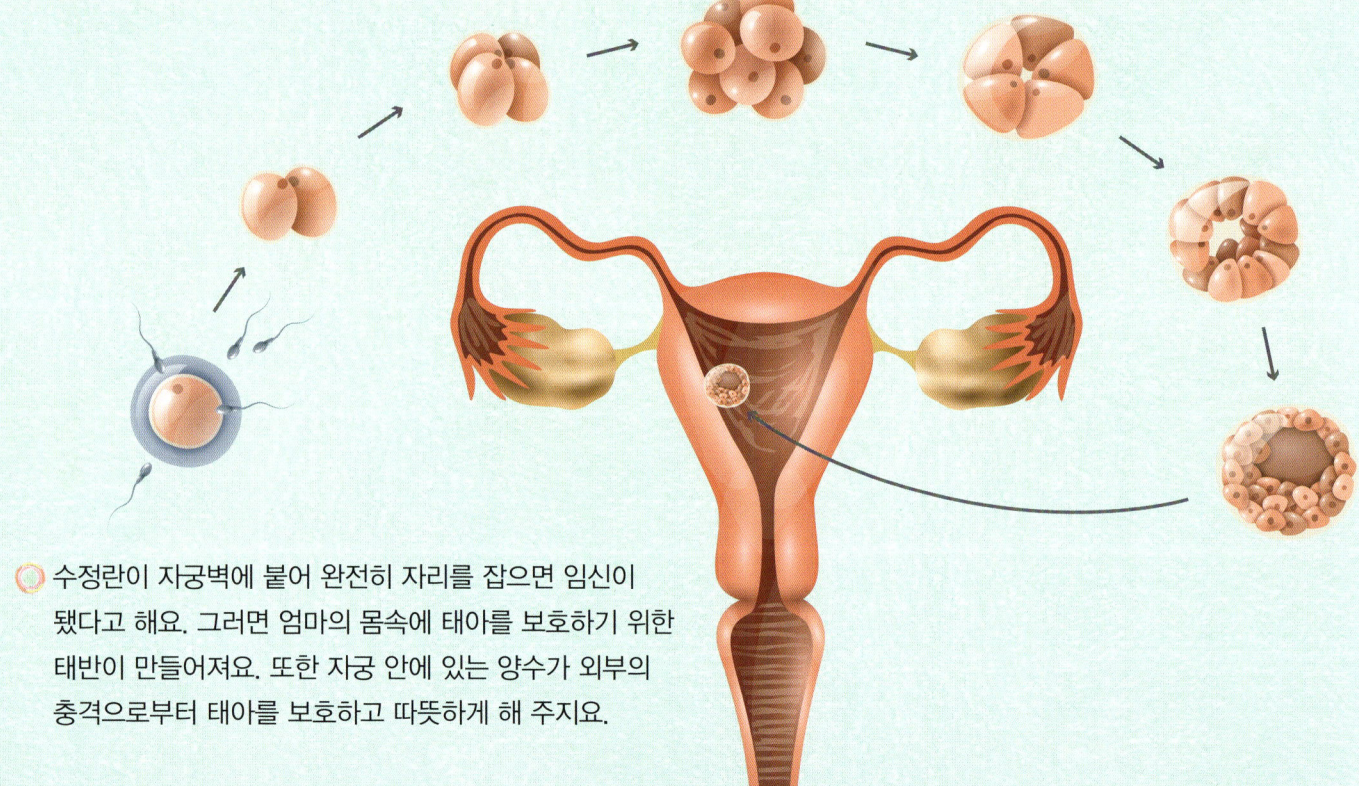

◎ 수정란이 자궁벽에 붙어 완전히 자리를 잡으면 임신이
됐다고 해요. 그러면 엄마의 몸속에 태아를 보호하기 위한
태반이 만들어져요. 또한 자궁 안에 있는 양수가 외부의
충격으로부터 태아를 보호하고 따뜻하게 해 주지요.

태아는 엄마의 자궁 속에서 어떻게 클까요?

태아는 약 열 달 동안 엄마의 자궁 속에서 자라요. 태아는 엄마와 연결된 탯줄을
통해 산소와 영양분을 받지요. 그리고 태아는 엄마의 목소리를 포함한 주변의
여러 가지 소리를 함께 듣고, 엄마의 감정을 함께 느끼지요. 그래서 많은 임신부가
태아에게 좋은 영향을 주기 위해 열심히 태교를 해요.

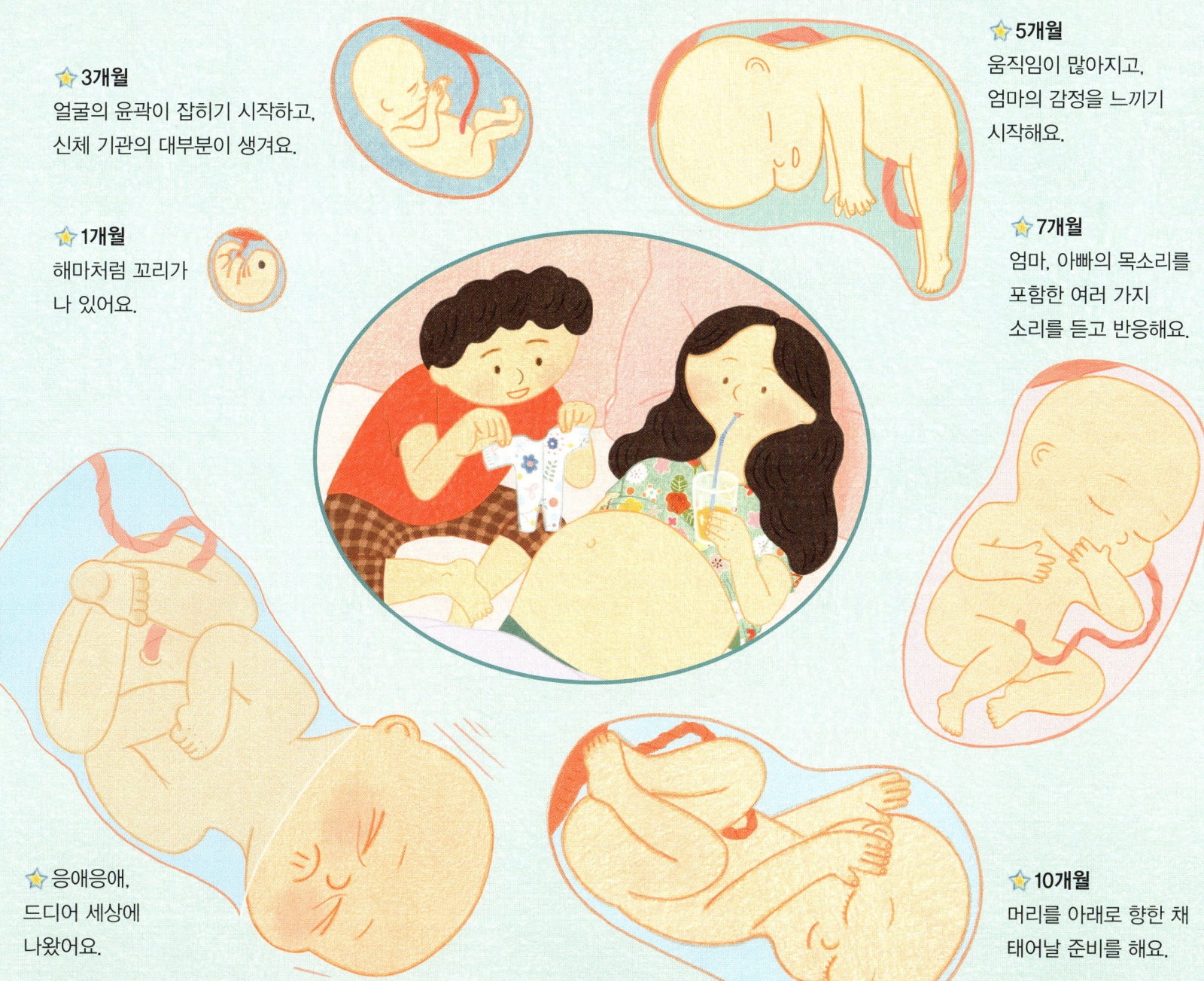

⭐ 3개월
얼굴의 윤곽이 잡히기 시작하고,
신체 기관의 대부분이 생겨요.

⭐ 1개월
해마처럼 꼬리가
나 있어요.

⭐ 5개월
움직임이 많아지고,
엄마의 감정을 느끼기
시작해요.

⭐ 7개월
엄마, 아빠의 목소리를
포함한 여러 가지
소리를 듣고 반응해요.

⭐ 응애응애,
드디어 세상에
나왔어요.

⭐ 10개월
머리를 아래로 향한 채
태어날 준비를 해요.

문제 엄마 배 속에서 **내가 처음 자라나는 모습**은 어느 것일까요?

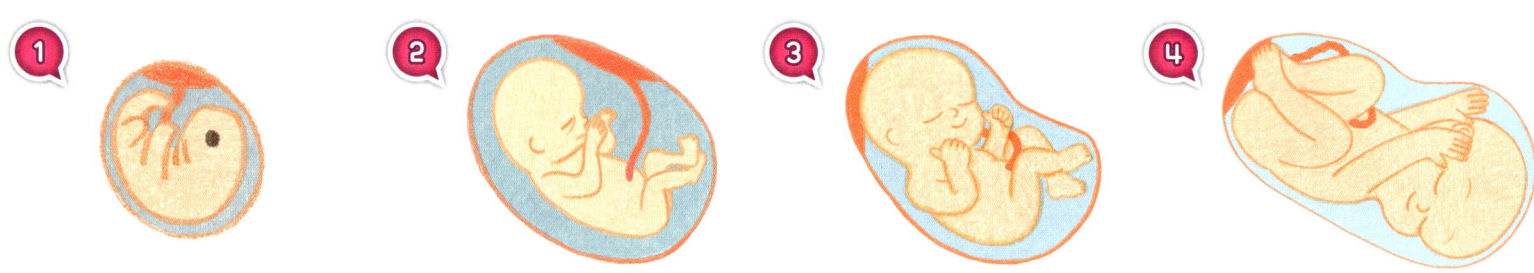

정답은? ① ② ③ ④

문제 다음 중 **잘못된 말**을 고르세요.

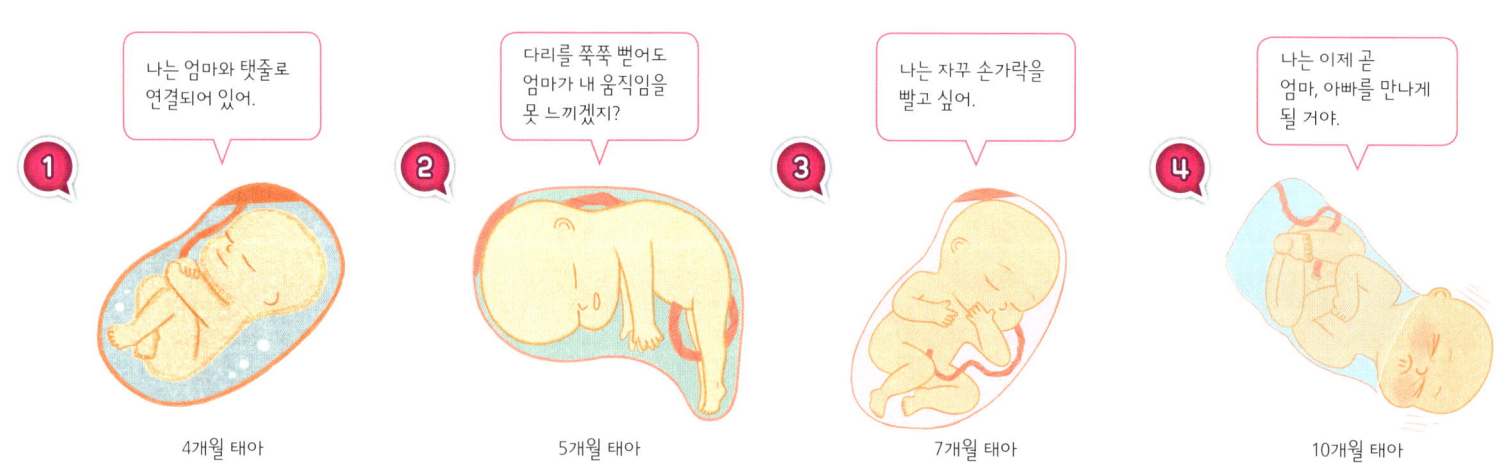

나는 엄마와 탯줄로 연결되어 있어.

다리를 쭉쭉 뻗어도 엄마가 내 움직임을 못 느끼겠지?

나는 자꾸 손가락을 빨고 싶어.

나는 이제 곧 엄마, 아빠를 만나게 될 거야.

4개월 태아

5개월 태아

7개월 태아

10개월 태아

정답은? ① ② ③ ④